www.tredition.de

Johann Böing-Messing

DER GLÜCKSGENERATOR

DEN FLUSS DER FREUDE IN DIR SPÜREN

www.tredition.de

© 2019 Johann Böing-Messing

Verlag und Druck: tredition GmbH, Halenreie 40-44, 22359 Hamburg

ISBN
Paperback: 978-3-7482-7386-8
Hardcover: 978-3-7482-7387-5
e-Book: 978-3-7482-7388-2

Inhalt

Für Mary

EINFÜHRUNG

DEN FLUSS DER FREUDE IN DIR SPÜREN

Abbildung 1: Die Torbogenöffnung ist frei. Sie lädt ein zum Durchgehen. Diese Öffnung ist ein Symbol für einen Zugang zum Geistigen, zu einer geistigen Sicht auf die Welt.

„Auf immer und ewig können Sie woanders nach Wahrheit, Liebe, Intelligenz und Wohlwollen suchen, Gott und die Menschen anflehen – alles umsonst. Sie müssen bei sich selbst anfangen, mit sich selbst, das ist das unumgängliche Gesetz."

Nisargadatta Maharaj

Abbildung 2: Der antike Steinkreis steht in Südengland. Kinder und Erwachsene, Touristen aller Länder lieben es spielerisch dadurch zu gehen, um ihr Glücksniveau zu aktivieren.

Ich erinnere mich, dass die Kinder des Kohlehändlers nebenan die braune Boxerhündin Purzl und einen Bollerwagen hatten. Jedesmal wenn Purzl mit seinem Geschirr vor den Bollerwagen gespannt wurde, hatte eines der Kinder die Aufgabe, eine Wurst zu holen und an einen langen Stock zu binden. Und wie ein Pferd eine Kutsche zieht, so zog Purzl den Bollerwagen und hatte den Stock mit der Wurst vor der Nase. Ich weiß nicht, ob Purzl nach einem anstrengenden Tag die Wurst am Abend noch wirklich genießen konnte.

Ich erinnere mich, dass ich wie Purzl der Wurst dem vermeintlichen Glück in vielen Erscheinungsformen hinterher gerannt bin, bis das Leben ein Erwachen forderte.

Was wäre, wenn uns Pharrell Williams mit seinem Lied "Happy" auf ganz neue Sichtweisen hinweist: "Glück ist die Wahrheit".

"Der Glücksgenarator" kann ein Wegweiser für alle sein, die eine eigene Antwort dazu finden wollen.

Dies zum Beispiel können hilfreiche Fragen sein: Bin ich bereit mich mehr dem zu öffnen, was hinter den Erscheinungsformen ist?

Wie kann ich mehr dem vertrauen, was ich wirklich bin?

„Wenn du nicht länger eine Anhaftung an etwas hast, dann hast du deinen Teil getan."

Nirsargadatta Maharay

I am that - Ich bin (JKamphausen)

*„Das Ego ist der „Ich" Gedanke.
Das wahre „Ich" ist das Selbst."*

Ramana Maharshi

*„Der „Ich" Gedanke löst ein Gefühl aus.
Und wie jedes andere Gefühl kann man dieses Gefühl loslassen."*

Sedona-Method

Happiness Is Free – And It's Easier Than You Think

von Hale Dwoskin und Lester Levenson

„Das Ego in Gestalt der Ich-Vorstellung ist die Wurzel des Baumes aller Wahnvorstellungen: wird sie vernichtet, ist aller Wahn gefällt."

Ramana Maharshi

Wir sind daran gewöhnt in Kategorien zu denken von meinem Körper, meine Gefühle, meine Gedanken, meine Emotionen, mein Geld, mein Partner, mein Glück, meine Kompetenz, mein Erfolg, mein Versagen, meine Erleuchtung.

Dass alles resultiert aus einer Vorstellung ein getrenntes Individuum zu sein. Diese Ego Vorstellung führt dazu, **dass auch alle Belastungen dann die deinen sind.**

In diesem Buch untersuchen wir viele Standpunkte. Wir bemerken und erkennen eine transzendente Wirklichkeit und untersuchen Wege für eine Vision, die einen Unterschied macht.

> *„Es gibt nur zwei Arten zu leben.*
> *Entweder so, als wäre nichts ein Wunder, oder so, als wäre alles ein Wunder. Ich glaube an Letzteres."*

Albert Einstein

Das Leben ist wirklich ein Wunder. Wir können dies jedoch nicht erkennen, weil wir unser Leben so leben, als ob wir mehr haben, können oder tun müssen, um dann irgendwann in der Zukunft glücklich zu sein.

Früher gab es inspirierende Dichter, die uns dieses Thema in unterschiedlicher Form nähergebracht haben.

Wie können wir den Nebel lichten?

Sind wir bereit zu bemerken, dass es diesen Nebel in unserem Bewusstsein gibt?

Indem wir die Forschungsreise in diese Richtung beginnen und absichtlich fortsetzen, werden wir letztendlich die direkte Erfahrung vertiefen:

Glück ist unsere grundlegende Natur

Abbildung 3: Nebel verschleiert das Licht der Sonne.
Ist das Licht der Sonne nicht einfach immer da, nur unsere
Wahrnehmung davon ist begrenzt?

Im Nebel

„Seltsam, im Nebel zu wandern!
einsam ist jeder Busch und Stein,
kein Baum sieht den anderen,
jeder ist allein.

Voll von Freuden war mir die Welt,
als noch mein Leben Licht war,
nun, da der Nebel fällt,
ist keiner mehr sichtbar.

Wahrlich, keiner ist weise,
der nicht das Dunkle kennt,
das unentrinnbar und leise,
von allen ihn trennt.

Seltsam, im Nebel zu wandern!
Leben ist Einsam sein.
Kein Mensch kennt den anderen,
jeder ist allein."

Hermann Hesse

„Wahrlich, keiner ist weise,
der nicht das Dunkel kennt,
das unentrinnbar und leise,
von allen ihn trennt."

Hermann Hesse

Vier hilfreiche Fragen für die Erforschung eines Themas

1. Prämisse
Was glaubst du über das gewählte Thema?
Welche begrenzenden Überzeugungen hast du entdeckt? Was sind deine aktualisierten Glaubenssätze?

2. Vision
Was ist deine Vision im Hinblick auf den idealen Zustand in dem ausgewählten Lebensbereich?

3. Zweck / Sinn
Kennst du dein Warum du es willst?

4. Strategie
Was ist deine beste Strategie, die dir hilft, deine Vision umzusetzen?

Heute öffnen uns engagierte Neuro-Wissenschaftler mit Bildgebenden Verfahren des Gehirns die Augen. Zum Beispiel

Mark Robert Waldmann, Executive MBA

Faculty, Loyola Marymont University

Die "Dunkle" Seite Ihres Gehirns Zähmen

„Egal wie gütig, großzügig oder aufgeklärt wir sind, wir haben alle uralte neuronale Schaltkreise, die auf Wut, Betrug und Vorurteile vorbereitet sind. Tatsächlich spiegelt jedes negative Attribut, das wir in anderen verachten, eine ähnliche Fähigkeit in unserem eigenen Gehirn wider.

Wenn wir übermäßig gestresst oder frustriert werden, übernehmen die Instinkte unseres primitiven Gehirns die Kontrolle über den ruhigen, mitfühlenden und logischen Kreislauf.

Andy Newberg und ich haben jahrelange Forschungs- und Gehirnscan-Studien an Menschen durchgeführt, die sich intensiv mit Meditation und spirituellen Übungen beschäftigen. Die Forschung zeigt weiterhin, dass jede Person - ob jung oder alt - die neueren evolutionären Strukturen im Gehirn anregen kann, die Wut, Sorgen und Angst unterbrechen und gleichzeitig die „ethischen Bewusstseins" -Schaltkreise

stärken können, die es uns ermöglichen, Freundlichkeit, Gelassenheit und Geborgenheit zu erzeugen, und Empathie gegenüber anderen.
Bald stellten wir fest, dass bereits ein oder zwei Minuten das Üben von Achtsamkeit erhebliche Veränderungen im Gehirn bewirken kann. Unser neues Rezept:

Führen Sie während des Arbeitstages mehrmals eine Minute kontemplativer Übungen aus, um Ihren Stress zu senken und die Leistung und Produktivität zu steigern.

Das Beste ist, dass kurze Momente der Achtsamkeit in jedes Glaubenssystem integriert werden können. Wir können es sogar in die öffentlichen Schulsysteme einbringen, um Kindern beizubringen, sozial engagierter und proaktiver zu werden.

Achtsamkeit mäßigt die dunkle Seite des menschlichen Gehirns. Wir können Freundlichkeit und Mitgefühl gegenüber unseren eigenen Fehlern und Verwundbarkeiten üben, und dabei können wir das Leid anderer sehen, die auch im Dunkeln stolpern. Was das menschliche Gehirn angeht, sind wir alles: Schatten und Licht, Gut und Böse, perfekt und fehlerhaft. Und wenn wir alles mit Dankbarkeit und Akzeptanz umarmen, können auch wir durch diese stürmische Welt fliegen und die Lieder des Lebens genießen. Wir

*haben herausgefunden, dass dies die neurowissen-
schaftliche Beschreibung des Glaubens ist, und dies
wird Ihrem Leben buchstäblich Jahre hinzufügen!"*

Mark Robert Waldmann

Und vielleicht kann es unser Verständnis von
Polarität und der zu Grunde liegenden Einheit vertiefen, wenn wir lesen:

„Was Du bist, ist bereits ganz, vollständig,
vollkommen und genug."

Lester Levenson

„Das, was vollendet ist, hat noch immer eine
Zukunft, die es zu vollenden gilt."

Laotse

*„Wenn wir wirklich glücklich sind, haben wir
das Gefühl, dass es keine Grenzen gibt, außer denen,
die wir uns selbst auferlegen.*

*Wenn du dies allein erkundest, wirst du das
Gefühl haben, dass dein Herz tanzt wie die
Menschen im Pharrell Williams Video "Happy"."*

Hale Dwoskin

SEIN IST GLÜCKSELIGKEIT

SATCHITANANDA

Abbildung 4: „Sei der Himmel und lass die Sonne scheinen"
Tenzin Wangyal Rinpoche

WIR ALLE MÖCHTEN GLÜCKLICH SEIN

Wenn man zusammenfasst, was jeder Mensch sich für sein persönliches Leben wünscht, dann kommt man auf ein Wort:

Glück

Wir alle möchten glücklich sein.

Manch einer denkt, dass er dieses Glück erreicht, indem er beruflich besonders erfolgreich ist.

Ein anderer meint, er könne dauerhaft glücklich sein, wenn er besonders beliebt ist und eine wundervolle Beziehung hat.

Und oft kämpfen wir hart für unsere Ziele, nur um am Gipfel des Berges festzustellen, dass wir genau das erreicht haben, was wir wollten, aber weiterhin unglücklich sind.

Doch was ist Glück eigentlich und wie schaffst du es, dass Glücklich Sein nachhaltig zu leben?

In diesem Buch lade ich dich ein, bei den Übungen Stift und Papier oder Handy in die Hand zu nehmen und gemeinsam mit mir und Freunden zu erforschen, was Glück ist. Ich gebe dir Schritte an die Hand, mit denen auch du das Glücklich Sein ganz tief erforschen und einfach leben kannst.

Manche Übungen werden dich ansprechen, andere vielleicht nicht. Wähle die aus, die einen Nutzen für dich bringen bei der Umsetzung des Glücklichsein.
Mache deine eigenen Untersuchungen.
Nur das zählt.

Viel Freude wünsche ich dir dabei.

Eine Forschungsreise von Innen nach Außen.
Mache zum Beispiel immer mal wieder eine Pause.
Schau auf die Stille.
Beobachte den Rhythmus des Atems.

Glück ist unsere grundlegende Natur

"Wenn du Dinge von deiner Seele aus machst, spürst du einen Fluss der Freude in dir."

Rumi, Persischer Poet und Mystiker

Du bist am Leben. Letzte Nacht hast du dich schlafen gelegt und du bist wieder aufgewacht:
gesund und lebendig.
Halte dir dieses Privileg des Lebens jeden Tag mehrmals vor Augen.
Dies klingt seltsam für dich?
Dem Leben dankbar zu sein und Glück zu empfinden darüber, dass du lebst?

In dieser Nacht gab es auf der Welt eine Million Menschen, die gestorben sind. So wie jede Nacht.
Darum ist es im Grunde eher seltsam, wenn du KEINE Freude und Dankbarkeit empfindest über das Geschenk des Lebens.

Mache zum Beispiel eine Dankbarkeitsübung:
Bemerke jeden Morgen etwas, wofür du dankbar
sein kannst. Wenn dir wenig dazu einfällt, setze dich
mit Freunden zusammen und sammelt gemeinsam
einige Punkte. Hier sind einige Bespiele: Der Sonnen-
aufgang, der Gesang der Vögel, das warme Dusch-
wasser, die Elektrizität für das Licht im Badezimmer,
das Frühstücksbrot, ... Jetzt nehme
einen Punkt nach dem anderen von deiner Liste und
visualisiere ihn, also stelle ihn dir vor und entscheide
dich Dankbarkeit zu dem Objekt deiner Wahl auszu-
strahlen. Spüre die Energie. Und jetzt bemerke, wie
du von diesem Objekt einen Energiestrom der Dank-
barkeit zurückerhältst. Spüre es. Der Grundsatz ist:
Alles ist lebendig und gibt Antwort.

Vorbereitende Übung: Alles ist Energie. Halte die
Hände mit etwa 20 cm Abstand gegeneinander und
fühle so gut wie es geht die Energie, die zwischen
deinen Händen strömt.

Stille Übung *einfach sein: Sei dir gewahr, was gerade*
ist. Könntest du dir erlauben, zu Sein, einfach zu
Sein?!

GEGENWÄRTIGKEIT IST GLÜCK

Da du nicht weißt, wie viele Tage du als Gast auf dieser Erde sein darfst, ist es da nicht sinnvoll damit aufzuhören, dir Sorgen über die Zukunft zu machen? *Wenn du magst nehme Stift und Papier oder Handy zur Hand und beantworte die Fragen auf dem Papier: Wie fühlst du dich, wenn du dir Sorgen machst? Soll eine solche Energie die Grundlage für deine Zukunft sein?*

Hat sich Sorgen machen je positiv ausgezahlt? Lohnt es sich, über die Vergangenheit zu grübeln? Ist die Vergangenheit nicht tot?

LEBE IM JETZT

Könntest du dir erlauben, Freude und Dankbarkeit darüber zu empfinden, dass du in diesem Moment leben darfst. Könntest du dem Moment mit Achtsamkeit begegnen? Sei Hier und Jetzt.
Mache diese Übung so oft du kannst.

Dies ist der Schlüssel zum Haus des Glücks, dessen Bausteine wir uns gleich genauer anschauen werden.

„Wenn du dir erlaubst einfach nur du selbst zu sein, erfährst du grenzenlose Freude, Frieden und Glück. Im Moment zu leben ist die Pforte zu unerschütterlicher Glückseligkeit."

Hale Dwoskin, HAPPINESS IS FREE

Abbildung 5: „Wer bist du? Woher kommst du?
Ich habe noch nie etwas wie dich gesehen."
Schöpfungsmythos der Eskimos

Meditative Übung mit der wiederholten Frage:
Wer bin ich?
Bei dieser Übung bist du nicht interessiert an den
intellektuellen, gedanklichen oder emotionalen
Antworten die sich möglicherweise zeigen. Du lässt
sie einfach weiterziehen.

Notizen

WEGE ZUM GLÜCKLICH SEIN

Um den Glücksgenerator in dir selbst zu entdecken und richtig anwenden zu können, bist du jetzt eingeladen, dich auf ein Gedankenexperiment einzulassen.

Stelle dir vor, dein Leben ist ein freies Feld, auf welchem du ein Haus bauen willst.

Dein Haus des Glücks.

Dieses Haus des Glücks besteht aus mehreren Bestandteilen.

Der Schlüssel, um das Haus zu öffnen, nennt sich ‚Im Moment leben‘.

Dazu mache zum Beispiel die Übung mit der Frage: Könntest du dir erlauben, einfach zu sein?

Im Grunde gibt es nie etwas Anderes als den Moment, außer in unserem Verstand. Er beschäftigt sich gern mit der Vergangenheit oder der Zukunft. Und auch das geht nur im Moment.

Mache darum die Übung dich ganz auf den Moment zu konzentrieren so oft wie es geht. Sei dankbar, dass du leben darfst. Bemerke das Sein, in dem die Lebenserscheinungen auftauchen und sich ständig wandeln.

Im Folgenden zeige ich dir, wie du das Fundament von deinem Haus des Glücks legst.

Außerdem lernst du, wie du das Haus des Glücks mit soliden Materialien errichtest und in eine schöne Umgebung einbettest.

Erlaube dir zu bemerken, wie leicht und freudvoll du es schaffst, dieses Haus des Glücks dein Zuhause sein und beständig wachsen zu lassen. Glück ist unsere grundlegende Natur. Um dein Glück selbst generieren zu können, zeige ich dir sieben effektive Strategien.

Diese Glücksstrategien, die schon vielen Tausenden von Menschen dabei geholfen haben, ihr Haus des Glücks zu entdecken, werden auch für dich wirksam sein.

Strategie 1: Das Prinzip von Verengung und Ausdehnung

Strategie 2: Das Haus des Glücks

Strategie 3: Das Gesetz der Anziehung

Strategie 4: Die Kontinuität des Glücks

Strategie 5: Der Soll-Wert-Punkt des Glücks

Strategie 6: Die Glücksgewohnheiten

Strategie 7: Der Erfolgsplan

STRATEGIE 1: DAS PRINZIP VON VERENGUNG UND AUSDEHNUNG

Abbildung 6: Die Elemente Erde, Wasser, Luft und Feuer

Deine Vorstellung davon, wer du bist, deine Gedanken, deine unbewussten Wünsche und deine Gefühle bestimmen deine Handlungen. Deine Handlungen wiederum bestimmen wie dein Leben verläuft. Hat es einen Wert für dich, das Leben aus einer Perspektive des Glücklichsein zu erfahren?

Es ist wichtig, dass du dieses Prinzip verstehst und lernst deine Gedanken und Gefühle in zwei Kategorien einzuteilen.

In Gedanken, unbewussten Wünschen und Gefühlen, die dem Prinzip der Einengung entsprechen und in Gedanken und Gefühlen, die dem Prinzip der Ausdehnung dienen.

Alles, was sich unter dem Prinzip der Einengung zusammenfassen lässt, ist eine Begrenzung im Hinblick auf die Fähigkeit, Glücklichsein mit anderen zu teilen.

Alle Gefühle sind weder gut noch schlecht. Sie haben nur entsprechende Konsequenzen. Die vier grundlegenden Emotionen sind Glück, Trauer, Erleichterung und Furcht.

Unter das Prinzip der Einengung fallen folgende Gefühle:

Das Unglücklich-sein

Die Angst

Das Unwohlsein

Das sich-krank-fühlen

Der Ärger, der Groll, die Wut und der Hass

Widerstand gegen das, was ist

Müdigkeit und ein niedriger Energielevel

Das sich-schlecht-fühlen

Apathie und langanhaltende Trauer

Folgende Gefühle fallen unter das Prinzip der Ausdehnung:

Das Glücklichsein

Liebe

Das Gefühl im Fluss zu sein

Mut und Selbstvertrauen

Gesundheit

Leichtigkeit

Freude

Vitalität

Akzeptanz von dem, was ist

Verbundenheit mit der Welt und den Menschen

Das sich-gut-fühlen

Frieden

Bemerke bei deinen Gedanken und Gefühlen, die dich im Laufe des Tages überkommen, ob sie dem Prinzip der Einengung oder dem Prinzip der Ausdehnung entsprechen. Und es ist hilfreich zu lernen, sich mit keinem davon automatisch zu identifizieren.

So wie jeder Baum und wie jede Blume wächst, hast auch du als Mensch die Aufgabe zu wachsen und dich auszudehnen. Orientiere dich darum an Allem, was dem Prinzip der Ausdehnung entspricht. Öffne dich dem Leben und gehe neue Wege. Erforsche öfters etwas Neues. Sehe das Leben spielerisch und beteilige dich offensiv, anstatt nur passiv und unbeteiligt zu sein. Spring über deinen Schatten. Halte deinen Geist offen für jede neue Begegnung und jedes Ereignis.

Und sei dankbar für alles, was du vom Leben empfängst. Auch wenn du den Sinn dahinter oft nicht gleich erkennen magst. Vertraue darauf, dass alles, was geschieht, richtig ist und jede Erfahrung sich im Nachhinein als wertvoll erweisen wird.

Und lebe jeden Tag so intensiv, als ob es dein letzter sei. Im Gewahrsein von dem, wer und was du wirklich bist.

„Ich danke jeden Tag für das Geschenk hier zu sein."

STRATEGIE 2: DAS HAUS DES GLÜCKS

Abbildung 7: Kannst du spüren, dass die Schnecke ihr Haus mit Freude trägt, auf all ihren Wegen?

Was wäre, wenn du dein Haus des Glücks schon immer mit dir tragen würdest, wie die Schnecken?

Hast du es jemals als eine Last empfunden?

Oder warst du dir nur nicht gewahr, dass Glück deine grundlegende Natur ist?

Wenn du dein Leben als Grundstück betrachtest, dann ist es ein Ziel deines Lebens, während der Zeit, die dir hier auf der Erde gegeben ist, ein Haus des Glücks auf deinem Grundstück zu erbauen.

Das Dach des Hauses ist dein Lebensziel. Das, was dein Herz zum Singen bringt.

Denn jeder Mensch hat bestimmte Begabungen und einen oder mehrere Träume, die er hier auf Erden verfolgt.
Glück teilen und Dinge, die ihn glücklich machen.
Was auch immer Glück für dich persönlich bedeutet, dieses Glück zu erleben, ist die Aufgabe deines Lebens.

Doch damit dies gelingt, benötigt das Haus zunächst ein solides Fundament.
Das Fundament des Haus des Glücks ist Verantwortung.

Das englische Wort Responsibility lässt erkennen, was darunter zu verstehen ist. Leben ist.
Wir haben eine Wahlmöglichkeit, wie wir darauf reagieren oder eben nicht reagieren. Wir haben die Wahl bewusst dem Leben zu antworten. Dazu ist es erforderlich, die unbewussten, automatischen Reaktionen auf das Leben, die sich oftmals als Emotionen, Gefühle oder Gedanken zeigen, zu bemerken.

Denn jeder ist seines Glückes Schmied.

Das bedeutet konkret, dass du nun, bevor du mit dem Aufbau beginnst, akzeptieren darfst, dass nur du selbst für den Bau deines Hauses verantwortlich bist.

Dein Haus des Glücks steht auf vier Grundpfeilern. Nur wenn du für alle vier Bereiche des Hauses die Verantwortung übernimmst, hast du ein solides Fundament, um inneres und äußeres Glück zu erfahren.

Diese Grundpfeiler sind:

Kopf

Geist

Körper

Seele

Wenn du ein Haus des Glücks bauen möchtest und kein Haus des Dramas, dann ist es nützlich, dass alle deine vier Bereiche auf Glück ausgerichtet sind.

Du würdest schließlich auch kein Haus aus Holz bauen und dich hinterher beschweren, dass du im Endergebnis ein Steinhaus haben wolltest.

Genauso verhält es sich mit dem Glück.
KOPF, GEIST, KÖRPER und SEELE sind auf Glück ausgerichtet, wenn sie dem Prinzip der Ausdehnung folgen, welches ich vorhin erklärt habe.

Schauen wir uns das Prinzip der Ausdehnung in den einzelnen Bereichen nun etwas genauer an.

AUSDEHNUNG IM BEREICH
DES FUNDAMENTS

Im Fundament geht es um Verantwortung. Einengende Gedanken und Handlungen, die dein Glück vom Grunde her blockieren sind Folgende:

- sich als Opfer fühlen und reagieren
Der Verstand nennt hier viele Gründe, warum man schlecht behandelt wurde, weshalb andere Menschen und die Welt ungerecht sind und dass man darum selbst reagieren muss und nicht anders handeln kann.

- andere für sein Leben verantwortlich machen
Auch wenn du von anderen Menschen schlecht behandelt wurdest, bringt es dich nicht weiter, wenn du die Verantwortung abgibst. Jede Situation ist eine Aufforderung an dich zu wachsen und dein Leben selbstbestimmt zu gestalten.

- sich auf seine Probleme konzentrieren
In jeder Situation wirst du ein aber finden, welches dazu führt, dass du an diesem Problem festhältst und an dieser Idee von Problemen. Das wird dann zu einem Kontext, wie du die Welt wahrnimmst. Doch in jeder Situation findest du auch zehn Aspekte die dazu führen, dass du dein Problem erkennen und überwinden kannst.

- sich schuldig und beschämt fühlen
Schuld und Scham sind selbstgeschaffene Gefängnisse, die dich einengen und dein Glück verhindern.

Betrachte dich einmal von außen und sage dir, dass du so gut gehandelt hast, wie es dir in der jeweiligen Situation möglich war. Dies hilft dir diese negativen Emotionen loszulassen. Sich schuldig und voller Scham fühlen führt automatisch zu Selbstbestrafungsmustern mit sich selbst erfüllenden Prophezeiungen. Die Frage hier lautet zum Beispiel: Kannst du dich dazu entscheiden, dass du genug bestraft bist?

Hast du jemals bemerkt, dass Gott dich liebt mit all deinen Erfahrungen?

Abbildung 8:Die Gefängniszelle von Nelson Mandela

Beispiel: Als Nelson Mandela, der spätere Präsident von Südafrika und Friedensnobelpreisträger, nach 27 Jahren Einzelhaft das Gefängnis als freier Mann verließ, sagte er am Gefängnistor zu sich selbst:

„Wenn ich jetzt hier rausgehe und an irgendeine
Vorstellung von Hass oder Ärger festhalte,
bin ich wieder im Gefängnis,
egal wo ich mich gerade aufhalte."

Es gibt aber auch ausdehnende Gefühle und Gedanken der Verantwortung, die dir dabei helfen, dein Haus auf ein solides Fundament zu bauen.

Ausdehnende Gedanken und Gefühle der Verantwortung sind:

- die Absicht haben, andere glücklich zu machen
- sich selbst als Sieger sehen und Win-Win Situationen schaffen

Wenn du Verantwortung für dich selbst übernimmst, kannst du kein Opfer sein. Denn dann gewinnst du in jeder Lebenssituation. Entweder du gewinnst, indem du bekommst, was du willst, oder du gewinnst an Erfahrung, was dich deinem Ziel ebenfalls näherbringt.

Aus diesem Gefühl kannst du wählen neutral zu bleiben, oder zu agieren, statt nur zu reagieren. Das bedeutet, dass du die Richtung in deinem Leben bestimmst, ganz unabhängig davon, was andere machen oder nicht machen.

- die Lektion und das Geschenk annehmen
Anstatt andere Menschen verantwortlich zu machen für negative Dinge in deinem Leben, öffnest du dich für das Bewusstsein, dass nur du dich selbst ändern kannst und das Verhalten anderer Menschen nicht dein Problem ist. Was andere sagen ist deren Projektion. Es ist nicht möglich einen anderen zu ändern.

Durch das Verhalten anderer Menschen lehrt das Leben dich Lektionen, die dir im Moment manchmal nicht lieb sind, die aber zu deiner Stärke beitragen.

Oftmals sind es versteckte Geschenke, die das Leben dir überreichen möchte. Da du den Sinn des Ganzen oft erst später verstehen wirst, fokussiere dich zunächst auf das, was du daraus lernen kannst.

- nach Lösungen suchen
Wenn du die Verantwortung für dich und dein Leben übernimmst, wirst du nicht in Problemen stecken bleiben, sondern diese als Aufforderung an dich sehen, um zu wachsen. Du wirst nach Lösungen suchen und dabei auf deine Intuition vertrauen. Auch schämst du dich nicht andere um Hilfe zu bitten, wenn dies zur Lösung beitragen kann.

- mit dir selbst Frieden schließen
Wenn du für dich selbst Verantwortung übernimmst, bedeutet dies auch, dass du sorgsam und verständnisvoll mit dir umgehst. Anstatt dich selbst anzuklagen wegen Dingen aus der Vergangenheit, kannst du vergangene Fehler akzeptieren und dir selbst verzeihen.

Betrachte dich hierzu aus dem Blickwinkel einer dritten Person, die Verständnis zeigt. Schließe mit der Vergangenheit ab, indem du offen zugibst einen Fehler gemacht und daraus gelernt zu haben.

AUSDEHNUNG IM BEREICH DES GEISTES

Deine Gedanken sind nicht deine Gedanken. Sie entstehen aus unbewussten Wünschen und Emotionen und bestimmen deine Zukunft, wenn du dich damit identifizierst. Wie dies genau funktioniert, werde ich dir im nachfolgenden Kapitel erklären.

Für den Moment genügt es für dich zu wissen, dass dein Geist universelle Gedankenimpulse der Ausdehnung aufnehmen und denken kann, um Glück zu teilen.

Hierzu ist es wieder wichtig, dass du Gedanken der Einschränkung und Beengung von Gedanken der Ausdehnung unterscheidest.

Folgende Gedanken sind einschränkend und hindern dich daran, vom Haus des Glücks aus zu operieren:
- Negative Gedanken denken und sich damit identifizieren

Negative Gedanken vergiften und verdunkeln Geist, Körper, Gewahrsein der Seele und das Herz. Versuche dir daher bewusst zu machen, wenn du im Begriff bist in die Negativität abzudriften und motiviere dich selbst, indem du beispielsweise Musik hörst, die dich positiv stimmt.

Zum Beispiel: Mantra verwenden / Om Shanti „Frieden" singen

- Beurteilen und verurteilen

Während es einer positiven Person relativ egal ist, was du über sie denkst, vergiftest du dich mit diesen Gedanken selbst. Zunächst lenkst du dich von der Verantwortung für dein eigenes Leben ab, indem du dich mit jemanden oder mit Situationen beschäftigst, die dich nichts angehen. Zudem ist das Verurteilen immer auch eine Ablehnung der Realität, wie sie ist und dies spaltet dich von anderen Personen und der Welt ab, da du diese nicht in ihrem Sein akzeptierst.

- sich Sorgen machen

Menschen haben niemals Probleme in dieser Welt gelöst, indem sie sich Sorgen gemacht haben. Stattdessen begünstigt das sorgenvolle Denken Depressionen und Krankheiten aller Art.

Mache zum Beispiel Die STOP Übung: Bemerke die Wechselwirkung von Gedanken-Gefühlen-Haltungen auf den Körper / Geist (Mind) Komplex. Es ist ein untrennbares Energiefeld. Bemerke einfach nur was ist, ohne es analysieren, verstehen, weghaben oder ändern zu wollen.

Zudem verhindert das sorgenvolle Denken, dass du dir der Gegenwart gewahr bist und den Schlüssel des Glücks nutzt. Sorgen beziehen sich immer auf ein zukünftiges Ereignis. Sie wirken wie Selbsterfüllende Prophezeiungen.

- Zu viel nachdenken und sich auf das Schlechte konzentrieren

Eng verwandt mit dem sorgenvollen Denken ist die Eigenschaft über alles zu viel nachzudenken. Noch fataler ist es, wenn man sich dabei auf das Schlechte konzentriert.

Dies soll nicht bedeuten, dass du über gewisse Dinge nicht nachdenken sollst, aber du musst deine Gedanken dahingehend kontrollieren, dass getroffene Entscheidungen nicht ständig neu überdacht werden, weil dir plötzlich negative Aspekte in den Kopf kommen.

- Denke stattdessen einen Gedanken bis zu Ende, triff eine Entscheidung und belasse es dann dabei.

Mache zum Beispiel die Übung: Wenn zwei oder mehr Entscheidungsmöglichkeiten erscheinen, mache ein Spiel daraus: Lasse sie miteinander ringen, bis sie sich erschöpft haben. Dann triffst du eine Entscheidung.

Ersetze die aufgezählten negativen Denkmuster durch Gedanken der Ausdehnung:

Denke positive, aufbauende Gedanken.

Denke gut über dich, deine Mitmenschen und die Welt und mach es dir zur Gewohnheit, in allem und jedem etwas Gutes zu sehen.

Wenn dir dies gelingt, bist du auf dem Weg von einem Haus des Glücks aus zu leben schon ein gutes Stück vorangekommen.

Viele Menschen glauben, dass ihre Gedanken nicht zu steuern sind und sie fühlen sich diesen hilflos ausgeliefert. Doch dies ist ein Trugschluss.

Genauso wie du deinem Körper befiehlst, in eine bestimmte Richtung zu laufen, genauso kannst du wählen, dich nicht mit deinen Gedanken zu identifizieren und sie einfach nur mit einer inneren Haltung von Akzeptanz zu beobachten.

Hierbei können dir Lieder, Meditation, Mantras, Gebete und aufgeschriebene Sätze, die du gut sichtbar in deiner Wohnung platzierst, helfen.

- Akzeptiere was ist und vertraue

Genauso wichtig wie positives Denken und Fühlen ist die Akzeptanz von dem, was ist. Akzeptiere dich, deine Mitmenschen und die Welt mit allem, was als Fehler und Schwächen erscheint.

„Sehe die Vollkommenheit in der scheinbaren Unvoll-kommenheit."

Lester Levenson

Lerne die Dinge zu beobachten, ohne zu bewerten und ohne in der Kategorie böse und gut zu denken.

Lass das James Bond Lebensmuster von Held und Bösewicht, das in vielen Filmen auf unser Bewusstsein einprasselt, hinter dir.

Das Leben ist nicht schwarz – weiß. Es ist grau.

Von der Akzeptanz kommst du ins Vertrauen, indem du bejahst, dass alles, was ist,
seine Daseinsberechtigung hat.

Jeder Mensch und jede Situation sind aus einem bestimmten Grund auf dieser Erde.

Darum lerne zu vertrauen und loszulassen.

Abbildung 9: Stille am See in Sedona USA

Loslassen ist ein natürliches Lebensprinzip. Ein einfaches Beispiel dafür ist der Beginn des Tages im Bad.

Hale Dwoskin zum Beispiel erklärt im Sedona Facilitator Training Loslassen gern an Hand eines Smartphone Kugelschreibers mit LED Licht. *Nehme einen Kugelschreiber in die flache Hand und rolle ihn hin und her.*

Bemerke, er ist nicht fest verbunden mit der Hand.

Der Kugelschreiber repräsentiert deine Gedanken und Gefühle. Sie sind weder intelligent noch dumm, sondern einfach nur Klänge, Energien, Empfindungen.

Die Hand repräsentiert deinen Bauch. Das Licht repräsentiert das, was du bist.

Ein Beispiel 1 für das Loslassen ist: *Bemerke die Gedanken und Gefühle, die in diesem Beispiel jetzt als Kugelschreiber in deiner Hand hin- und her rollen.*

Jetzt drehe die Hand einfach um und bemerke, was passiert: Die Gedanken und Gefühle- der Kugelschreiber, fällt nach unten. Es lässt dich los.

Ein Beispiel 2 für das Loslassen in Beziehungen: *Nimm den Kugelschreiber in die offene Handfläche*

Jetzt umklammere ihn immer fester. Bemerke wie anstrengend das wird.

Jetzt öffne die Finger wieder, beende die Umklammerung

Das ist eine Form von Loslassen in Beziehungen. Hier zum Beispiel das Loslassen von dem Wunsch, den anderen kontrollieren zu wollen. Du kannst die Beziehung in dieser neuen Qualität fortsetzen.

Weitere Übungen zum Loslassen:
Loslassen ist eine natürliche Fähigkeit, die jeder

Tag für Tag nutzt. Für das Loslassen von der Identifizierung mit unerwünschten Gefühlen gibt es viele methodische Ansätze.

Sich entscheiden die Gefühle loszulassen.

In den Kern eines Gefühls eintauchen.

Nimm das Gefühl von Hass oder Wut in deinen Herzraum und schaue auf die Liebe, die allem zugrunde liegt. Bemerke, was passiert.

Abwechselnd - Erlaube dir den Hass zu fühlen – Erlaube dir die Liebe zu fühlen.

Beobachte, was geschieht.

Mache mit Stift und Papier oder Handy eine Liste davon, welche Fähigkeiten des Loslassens du schon anwendest.

Notiere den Nutzen, den du dabei erfährst.

Aus dem Vertrauen heraus wirst du auch in schwierigen Situationen die richtige Entscheidung treffen.

Zudem löst Vertrauen komplizierte Situationen auf und schafft Raum für ein gesundes Wachstum, während Misstrauen dafür sorgt, dass die Probleme sich vergrößern und sich in neuer Verkleidung wieder zeigen.

Auch wenn dein Vertrauen enttäuscht werden sollte, hat dies etwas Gutes, da die Täuschung dadurch ein Ende hat und meist ist es nicht der Mensch, der dich enttäuscht, sondern die Erwartung an den Menschen, die enttäuscht wird.

Denke klar und konzentriere dich auf das Gute

Achte darauf, dass deine Gedanken klar und zielgerichtet sind. Dabei hilft es, manche Gedanken auf Papier zu bringen oder mit anderen Menschen über diese Gedanken zu sprechen, um sie zu sortieren.

Halte dir dabei stets deine eigentlichen Ziele vor Augen und konzentriere dich auf das Gute!

Hier ist zum Beispiel eine Übung, die dabei hilft, innere Hindernisse zu bemerken: *Fokussiere auf dein gewähltes Ziel und bemerke die inneren Hindernisse, die in Gedanken, Bildern, Gefühlen und Geschichten auftauchen. Und erlaube, dass diese Aspekte sich auflösen. Wiederhole diese Übung so oft wie erforderlich.*

AUSDEHNUNG IM BEREICH DES HERZENS

Traumatische Erlebnisse in der Kindheit, verletzte Gefühle im Rahmen einer gescheiterten Beziehung und unverarbeitete Todesfälle führen zu einer chronischen Verengung des Herzens.

Sehr häufig kann sich diese Verengung des Herzens in Depressionen und Herzrhythmusstörungen zeigen.

Des Weiteren hat man regelmäßig mit Gefühlen der Angst zu kämpfen, mit Wut, Trauer und Angespanntheit.

Dies ist ein Sammelsurium von Gefühlen, die uns einengen und die uns davon abhalten glücklich zu sein.

Seelische Verletzung, innere Leere, Verbitterung aufgrund vergangener Ereignisse und Selbstzentriertheit sind weitere einschränkende Gefühle, welche uns von uns selbst und von der Welt um uns herum isolieren.

Ironischer Weise denken wir, dass jemand anderes uns wütend gemacht hat oder die Macht hat uns zu verletzen.

Dabei geben wir die Verantwortung für das, was wir fühlen, ab und behaupten, jemand anderes wäre in der Lage, Gefühle in unser Herz zu transportieren.

In Wahrheit haben wir die Gefühle selbst erschaffen, das Gegenüber hat nur gewisse Knöpfe gedrückt.

So kann dieselbe Aktion bei drei verschiedenen Personen komplett unterschiedliche Reaktionen auslösen.

Nehmen wir an, Jan zeigt Fritz auf der Straße den Stinkefinger. Daraufhin verprügelt Fritz den Jan mit der Entschuldigung, dass Jan ihn provoziert und wütend gemacht hat.

Jan, der nichts aus dem Vorfall gelernt hat, zeigt Eva am nächsten Tag die gleiche Geste. Diese bekommt Angst, rennt nach Hause und weint dort, weil sie denkt, dass keiner sie liebt. Jan hat ihr das Herz gebrochen.

Jan, wer hätte es gedacht, zeigt am nächsten Tag Karl seinen Mittelfinger, woraufhin dieser lacht, ihn neckend anspricht und mit ihm gemeinsam eine Tasse Kaffee trinken geht. Wenige Minuten später hat Karl den Mittelfinger bereits vergessen.

Wir erschaffen unsere Gefühle.

Wenn wir bereit sind dies zu erforschen und zu akzeptieren, kommen wir der Fähigkeit, unser Glück mit anderen zu teilen, ein gutes Stück näher.

Gefühle kommen nicht aus dem heiteren Himmel, sondern sie möchten angeschaut und angenommen werden. Wir können im Gewahrsein dessen, was wir wirklich sind, erlauben, dass sie sich transformieren.

Fragen danach, was sich hinter diesem Gefühl verbirgt kann eine Form von innerem Widerstand sein und macht es nur realer.

Mache zum Beispiel stattdessen die Übung „Ein guter Gastgeber sein": *Bemerke, Gefühle sind nur Gäste, die auf der Durchreise sind. Wenn wir sie staunend und mit liebevollem Herzen betrachten können, werden sie weiterreisen.*

Welche Gefühlsgäste möchtest du in diesem Moment begrüßen?

Könntest du dir erlauben sie willkommen zu heißen?

Könnte dies losgelassen werden?

Beschreibe deine Erfahrungen.

„Bleibst du geduldig im Augenblick des Zorns, kannst du dir hundert Tage Kummer ersparen."

Laotse

Fühle, was du fühlst und tauche in den Kern des Gefühls ein. Beobachte, was passiert.

Lerne die Identifizierung mit jedem Gefühl loszulassen.

Experiementiere mit der Frage: Könnte es losgelassen sein?

Öffne dich den positiven Gefühlen gegenüber.

Lade Freude und Glücklichsein in dein Leben.

Für jedes Gefühl existiert ein positives Gegengefühl, welches dir hilft zu wachsen und glücklich zu werden.

Untersuche zum Beispiel diese Frage und erlebe die Entspannung: *Was ist das, in dem alle Gefühle und Gedanken auftauchen, sich verändern, ohne von den Erscheinungen berührt zu sein?*

Stelle dir die Leinwand im Kino vor und frage dich: Wird die Leinwand von den unterschiedlichen spannungsgeladenen Filmen berührt oder bleibt sie immer sie selbst – völlig unberührt?

Alle Arten von Ängsten können verschwinden, wenn du erkennst, dass es Erwartungshaltungen im Hinblick auf etwas sind, das noch nicht geschehen ist. Die Liebe zum Selbst ist auch hier ein guter Transformator.

Wut, Trauer und Angespanntheit möchten gefühlt aber nich ausagiert werden. Du überwindest diese Gefühle mit Offenheit, indem du in dich hineinfühlst und mitteilst, was dich gerade so beschäftigt.

Bitterkeit löst du, indem du lernst dir und anderen zu vergeben und Selbstzentriertheit kannst du überwinden, wenn du beginnst anderen zu helfen, ohne eine Gegenleistung zu erwarten.

DIE AUSDEHNUNG DER HARMONIE DES KÖRPERS

Unser Körper wird ständig beeinflusst durch unbewusste Wünsche, Tendenzen und das, was wir denken und fühlen.

Angst löst heftige Körperreaktionen aus, welche sogar tödlich sein können.

Negative Denkmuster machen uns auf Dauer krank und erhöhen den Stresslevel in unserem Körper auf drastische Weise.

Darum müssen wir in erster Linie unserer Gedanken und Gefühle gewahr sein, wenn wir das Gleichgewicht und die Harmonie in unserem Körper ausdehnen und gedeihen lassen möchten.

Wie viele Menschen unterdrücken negative Gefühle und Gedanken mit Alkohol, Nikotin, Drogen und Psychopharmaka.

Wenn du glücklich sein teilen willst, gehst du einen anderen bewussten Weg.

Du achtest auf deine Gedanken und Gefühle, um dadurch die Stärke zu gewinnen, auch deinem Körper etwas Gutes zu tun.

Wenn du negativ denkst und fühlst, ist dein Körper überflutet von Stresshormonen. Du findest keine Zeit, um dich gesund zu ernähren und trinkst nicht ausreichend. Deine Atmung ist oberflächlich. Du fühlst dich müde und kraftlos.

Anstatt Sport zu treiben, entwickelst du dich zu einem mürrisch blickenden Sofa-Surfer, der sich darüber ärgert, dass er sich zu nichts aufraffen kann. Dein Körper gerät aus der Balance und du ignorierst die Signale, die dein Körper dir sendet. Auf lange Sicht entwickelt sich mit hoher Wahrscheinlichkeit eine chronische Krankheit auf Grund dieser Lebensweise, die dich noch mehr schwächt, stresst und verärgert.

Sei dankbar für deinen Körper und für die fantastische Arbeit, die er jeden Tag leistet.

Mache zum Beispiel diese Übung um das Herz zu ehren: *Entwickle Dankbarkeit für das Herz, das mit jedem Herzschlag Blut durch den Körper pumpt. Spüre die Energie und die Feedback-Energie. Wenn du lebensbejahende Gedanken und Gefühle wählst, verändert dies auch die Art und Weise, wie du mit deinem Körper umgehst.*

Schon die Römer wussten, dass Geist und Körper ein untrennbares System sind.

Es kann bei negativen Gedanken und Gefühlen hilfreich sein, wenn du beginnst regelmäßig eine Sportart zu betreiben, die dir Freude bereitet.

Iss gesund und höre auf die Signale deines Körpers. Gönne dir eine Pause, wenn du dich müde fühlst, trinke ausreichend und plane Zeit an der frischen Luft ein.

Lerne tief in deinen Bauch zu atmen, um zu entspannen und dich in deinem Körper ganz und gar wohl zu fühlen. Hierbei können die Meditationen und Entspannungstechniken helfen.

Wenn du diese einfachen Regeln wählst und Genussmittel reduzierst, wirst du sehr schnell deutlich mehr Energie haben, mehr lachen und dich besser fühlen.

Dadurch gelingt es dir dann auch immer besser dir deiner Gedanken und Gefühle gewahr zu sein.

Notizen

DIE AUSDEHNUNG DES GEWAHRSEINS DER SEELE

Die Seele ist ganz, vollständig und vollkommen und du kannst dein Gewahrsein der Seele wachsen lassen.

Lehne dich zurück und suche die Stille. Bete oder meditiere, während du ganz ruhig wirst, in deinen Bauch atmest und deine innere Mitte findest. Alle Arten von Entspannungstechniken sind hierzu fabelhaft geeignet.

Was blockiert dich im Gewahrsein der Seele?

Viele Menschen meinen, dass sie keine Zeit zum Beten oder Meditieren haben, gleichzeitig verbringen sie aber Stunden vor dem Fernseher.

Du musst nicht ständig etwas tun, um dich von dir selbst abzulenken. Suche die Ruhe und meditiere.

Mache zum Beispiel diese kurze Gewahrseins Übung: *Es gibt nichts zu tun und du brauchst nirgendwo Hinzugehen, um zu sein, was du wirklich bist.*

Gib den Gedanken auf, dass du alles kontrollieren kannst und musst. Vertraue stattdessen in eine höhere Kraft, welche für dich sorgt und dich beschützt. Vertraue auf das Leben.

Anstatt im Außen nach Antworten zu suchen und dich mit anderen zu vergleichen oder den neuesten Trends zu folgen, wähle deine Reise nach innen zu gehen. Höre auf deine innere Stimme und beginne deiner Intuition zu vertrauen. Diese Stimme weist dir den Weg, da sie weiß, was du brauchst und wie du glücklich sein teilen kannst.

Halte nicht an deinen Ängsten fest, sondern überwinde diese, indem du betest und deine Sorgen an eine höhere Macht übergibst.

Lass die Einsamkeit los, indem du meditierst und lernst, dass alles, was auf dieser Welt ist, miteinander verbunden ist. Jeder Baum, jeder Flügelschlag eines Vogels hat dir eine Geschichte zu erzählen.

„Das Universum ist vollkommen. Es kann nicht verbessert werden. Wer es verändern will, verdirbt es. Wer es besitzen will, verliert es."

Laotse

DIE AUSDEHNUNG DES DACHES: FINDE DEN SINN DEINES LEBENS

Damit dein Haus des Glücks ein prachtvolles Dach bekommt, welches sich immer weiter ausdehnt und wächst, musst du den Sinn deines Lebens herausfinden und dann einfach leben.

Was macht dir wirklich Spaß?

Was wolltest du schon immer tun?

Wenn du dies für dich herausgefunden hast und deiner Berufung folgst, wirst du inspiriert sein und andere inspirieren, anstatt einfach nur der Masse zu folgen und in den Tag hinein zu leben.

Sobald du in den Raum deiner Berufung trittst und das lebst, was du liebst, wirst du erfüllt sein und deine Ziele mit großer Begeisterung verfolgen.

Was du tust, wird für dich einen Sinn haben und du wirst motiviert und im Fluss sein.

Im Fluss zu sein bedeutet, dass du etwas mit Freude tust, weswegen es dir spielend leicht von der Hand geht. Du konzentrierst dich ausschließlich auf diese Tätigkeit und vergisst dich, die Zeit und die Menschen um dich herum.

Dein Herz ist die Kompassnadel, die dir den Weg zu deiner Bestimmung zeigt.

Denke immer daran, dass jeder Tag, jede Stunde, jede Minute einmalig ist und du Dankbarkeit darüber empfinden kannst, dass du da bist.

Je mehr du das, was du tust, liebst, desto größer wird die Freude über dein Leben und dein inneres Glücksgefühl sein.

Verschwende deine kostbare Zeit auf Erden darum nicht mit Dingen, welche du ungern tust und mit denen du dich unglücklich machst.

Wenn du dich heute noch orientierungslos und unmotiviert fühlst, kannst du davon ausgehen, deinen Lebenssinn noch nicht gefunden zu haben.

Wie wäre es mit der Einstellung, da wo du jetzt bist, bist du richtig? Es ist der beste Ausgangspunkt für den nächsten Moment.

Handelst du noch aus purem Eigennutz?

Arbeitest du nur des Geldes wegen?

Oder möchtest du anderen Menschen mit deiner Tätigkeit helfen und du würdest auch dann weiterarbeiten, wenn es dafür keine Bezahlung geben würde?

Wir leben heute in einem Zeitalter, indem wir, anders als die Menschen vergangener Zeiten, frei entscheiden können, wie wir leben möchten.

Oft hat sich die Vorstellung, dass wir Dinge tun müssen, tief in unser Denken eingegraben. Wir haben diese Vorstellung von unseren Eltern erworben, welche sie wiederum von ihren Vorfahren geerbt haben, welche in Zeiten des Krieges und der Entbehrung tatsächlich keine Wahl hatten.

Befreie dich vom Gedanken des Müssens und komme in das Wollen.

Noch nie gab es auf der Welt eine Zeit, in der du deinen Lebensunterhalt auf so viele unterschiedliche Arten bestreiten konntest. Du kannst frei wählen, wo du wohnst, was du arbeitest, wie viel du arbeitest und worin dein Lebenssinn liegt.

Nutze diese Chance und gehe den Weg deines Herzens.

DIE AUSDEHNUNG DES GARTENS

Pflanze Freundschaften und nährende Beziehungen, um dein Haus des Glücks erblühen zu lassen.

Ein Mensch ist keine Insel. Vielmehr sind wir alle miteinander verbunden. Darum gehören gute Beziehungen ebenfalls in dein Leben, damit du Glück finden und teilen kannst.

Wenn du in deinem Garten Beschränkung und Einengung lebst, fühlst du dich einsam und isoliert.

Du lässt aus Verzweiflung Menschen mit schlechten Eigenschaften in dein Leben, die deinen Garten langsam aber sicher vergiften.

Da du mit deren Verhalten gleichzeitig nicht einverstanden bist, verwendest du viel Zeit darauf schlecht über diese Menschen zu reden und dich über deren Verhalten zu beklagen.

Dabei warst du es, der ihnen einen Platz in deinem Blumenbeet angeboten hat.

Logischerweise fühlst du dich im Laufe der Zeit von diesem Menschen enttäuscht und verletzt. Doch anstatt dein Leben neu zu ordnen entwickelst du einen Hass auf die Menschheit im Allgemeinen und du beginnst dich zu verschließen und zu isolieren.

Dabei ignorierst du, dass nicht alle Menschen gleich sind und du es warst, der deine Bekannten in seinen Garten eingeladen hat. Auch bei Familienmitgliedern hast du im Zuge deiner Volljährigkeit die absolute

Freiheit zu entscheiden, mit wem aus deiner Familie du Kontakt haben möchtest und wie dieser Kontakt auszusehen hat.

Meist sind es aber auch nicht die Menschen, die dich verletzen, sondern deine eigenen übertriebenen Erwartungen, welche du an diese Menschen stellst.

Denn deine Bekannten sollen ähnlich wie du sein und handeln, da du dich weder über- noch unterlegen fühlen möchtest.

Gleichzeitig konzentrierst du dich auf eure Unterschiede und nimmst die Gegensätze als störend war. Du fühlst dich unverstanden und bist irritiert über dir fremdes Verhalten und andersartige Vorstellungen.

Du erwartest, dass die Anderen dich glücklich machen, indem sie deine Wünsche und Vorstellungen befriedigen. Tun sie das nicht, dann fühlst du dich enttäuscht.

Geh hinaus in die Welt und begegne den Menschen, die du dort triffst, mit offenem Herzen.

Nehme jeden Menschen so, wie er ist und betrachte Gegensätze als Chance etwas dazu zu lernen.

Fühle dich mit der Welt und den Menschen verbunden, indem du akzeptierst, dass wir am Ende des Tages alle das Gleiche wollen und die gleichen Grundbedürfnisse haben.

Bewerte nicht, da du nicht weißt, was dein Gegenüber durchgemacht hat und wie er sich tatsächlich fühlt.

Wenn du dir diese einfache Tatsache immer vor Augen hältst, dann hörst du auf dich über- oder unterlegen zu fühlen, sondern du verspürst stattdessen Interesse mehr über den anderen Menschen zu erfahren.

Dies gelingt dir am leichtesten, wenn du selbst authentisch bist und dich so gibst wie du bist, indem du ehrlich bist. Dann gibst du dem anderen Menschen die Chance, ebenfalls sein Herz zu öffnen.

Akzeptiere, dass nur du selbst dich glücklich machen kannst. Darum mache dich selbst glücklich und dann lass andere an deinem Glück teilhaben.

Erwarte nichts von anderen.

Sei stattdessen achtsam, um heraus zu finden, welches Geschenk

oder welche Lektion das Leben dir durch diese Person geben möchte.

Genieße die Zeit mit anderen Menschen.

Finde heraus, was euch verbindet und pflege diese Gemeinsamkeiten.

Akzeptiere die Unterschiede und bringe den Menschen auch Wertschätzung entgegen, wenn sie sich nicht so verhalten, wie du es dir wünscht.

ÜBERWINDE EIFERSUCHT
UND UNSICHERHEIT

Was dein Partner oder Ehemann in der Zeit tut, in der er nicht bei dir ist, ist nicht deine Angelegenheit.

Du bist lediglich für dein eigenes Verhalten verantwortlich und dafür, für dich selbst festzulegen, was für Beziehungen du in deinem Leben haben möchtest.

Mittels dem Gesetz der Anziehung, dass ich dir nun vorstelle, wird es dir gelingen, mehr Menschen, Dinge und Beziehungen in dein Leben zu ziehen, die dein Glücklichsein reflektieren.

STRATEGIE 3: DAS GESETZ DER ANZIEHUNG

Abbildung 10: Puzzle das fehlende Teil

Wir erinnern uns an die Aussage von
Lester Levenson:

> *„Das was du bist, ist bereits ganz, vollständig,
> vollkommen und genug. Es ist."*

Was auch immer du bewusst und unbewusst denkst,
sagst, fühlst oder tust, hat die Tendenz in dein
Leben zu kommen.

Deine täglichen Gefühle, Gedanken, Worte und Ta-
ten bestimmen wer du bist als menschliches Wesen.

Denn durch jeden Menschen fließt eine große schöpferische Kraft, eine kosmische Intelligenz, die dafür sorgt, dass er immer genau das bekommt, was er zuvor nach dem Prinzip der Anziehung in sein Leben gerufen hat.

Wenn dir bestimmte Umstände in deinem Leben nicht gefallen, dann übernehme für deine Antwort darauf die Verantwortung.

Es sind alte Wünsche, Tendenzen und Muster, die integriert werden wollen. Ein erster Schritt dahin ist das zu akzeptieren, was gerade ist. Dann können sich neue Möglichkeiten natürlich zeigen.

Und du kannst jederzeit neue Absichten wählen, die den Fokus deiner Aufmerksamkeit neu ausrichten.

Denn jeder bewusste und unbewusste Wunsch, jeder bewusste und unbewusste Gedanke und jedes offensichtliche oder unterdrückte Gefühl, das du hast, ist schöpferisch und hat die Tendenz sich zu verwirklichen.

Es ist hilfreich eine klare Vorstellung davon haben, was du eigentlich willst und was dich glücklich macht.

Kennst du Menschen, die ihre Meinung in ihren Gedanken im Minuten Takt ändern und sich wundern, warum sie am Ende nirgends ankommen.

Würdest du dich in ein Taxi setzen und dem Fahrer jede Minute ein neues Ziel angeben, nur um dich

hinterher zu beschweren, dass die Fahrt beschwer-
lich und teuer war und du doch nicht dort angekommen bist, wo du hinwolltest?

Genau das machst du tagtäglich, wenn du keine
klare Vorstellung davon hast, was Glück für dich
bedeutet.

Nimm Stift und Papier oder Handy.

Stelle dir nun die folgenden Fragen:

Welche Glaubenssätze bezüglich des Lebens hast du?

*Welche begrenzenden Glaubenssätze hast du
entdeckt?*

*Welche neuen förderlichen Glaubenssätze möchtest
du wählen?*

*In welchen Lebensbereichen möchtest du dich
verändern?*

Welche Vision hast du für diese Lebensbereiche?

*Das Leben erfüllt deine Erwartungen und nimmt dich
beim Wort.*

*Was ist deine Vision hinsichtlich deines
Gefühllebens?*

Wünschst du dir ein Leben in Glück und Harmonie?

*Und glaubst du daran, dass solch ein Leben möglich
ist?*

*Die Emotionen, die du im Verlauf deines Lebens am
häufigsten spürst, verstärkst du.*

Welche Gefühle und Emotionen möchtest du täglich spüren und warum?

Was kannst du selbst dafür tun, um diese Emotionen zu empfinden?

Notizen

DER DREISCHRITT ZUR WUNSCHERFÜLLUNG

Wenn du etwas erfolgreich in dein Leben ziehen möchtest, experimentiere einfach mit dem Dreischritt zur Wunscherfüllung. Auf diese Weise wird deine persönliche Vorstellung von Glück auf wunderbare Weise in deinem Leben sichtbar werden können.

Erinnere dich an den Satz von Lester Levenson und den Kontext, den du damit in deinem Leben erschaffst. „Das, was du wirklich bist, ist bereits ganz, vollständig, vollkommen und genug. Es ist."

Jeder Wunsch und jedes Ziel sind im Grunde aus einer Mangelvorstellung geboren. Und gleichwohl ist es wertvoll und nützlich mit Zielen zu arbeiten.

Ziele helfen Anhaftungen und Abneigungen sichtbar zu machen, die auf dem Weg zur Zielerreichung losgelassen werden können.

Ziele setzen:

Schritt 1: Die Absicht formulieren

Zunächst formuliere dein Ziel.

Gehe hierbei so genau wie möglich vor und stelle sicher, dass du wirklich hinter deinem Wunsch stehst.

Sage nicht einfach, dass du glücklich sein willst, sondern mache dir klar, was Glück für dich persönlich bedeutet.

Wie möchtest du dich fühlen?

Wie soll dein Leben aussehen?

Formuliere nicht zu viele Ziele auf einmal, sondern beginne mit einem kleinen und einfachen Ziel, welches du in die Tat umsetzt und arbeite dich dann Schritt für Schritt zu den größeren Zielen vor.

Schritt 2: Die Aufmerksamkeit auf dein Ziel richten

Fokussiere das Ziel nun mental und stelle dir vor, dass du es bereits erreicht hast.

Male dir das Ergebnis so lebhaft wie nur irgend möglich vor und richte deine ganze Aufmerksamkeit in diese Richtung.

Bemerke alle Hindernisse im Inneren und erlaube dir sie loszulassen. Erlaube, dass sie dich loslassen.

Wiederhole diesen Schritt so oft wie nötig.

Gehe dann alle Schritte, die notwendig sind, um dieses Ziel zu erreichen. Werde tätig und vertraue darauf, dass es sich positiv entwickelt!

Es reicht nicht nur deinen Traumjob zu visualisieren, sondern du musst auch nach Stellenangeboten suchen, Bewerbungsschreiben verfassen und auf Interviews gehen.

Deine Intuition wird dir zeigen, wie du konkret zu handeln hast, um das gewünschte Ereignis zu erreichen.

Schritt 3: Lass los

Nachdem du alles getan hast, was nötig war, um deinen Wunsch Realität werden zu lassen, musst du loslassen.

Gib deinen Wunsch in Form eines Gebets an das Universum ab und vertraue darauf, dass du gehört worden bist.

Ab diesem Zeitpunkt brauchst du nichts weiter zu tun, als zu entspannen. Du musst nicht krampfhaft betteln oder zweifeln, genauso wenig ist es notwendig, dass du dein Gebet mehrfach wiederholst.

Stelle dir vor, dass dein Wunsch an einem Luftballon hängt und du diesen in Richtung Himmel steigen lässt.

Übe das Loslassen zunächst mit einem kleinen Ziel, da es dir anfangs noch etwas schwerfallen wird, blind zu vertrauen.

Sobald du jedoch siehst, dass diese Methode sehr stark und wirkungsvoll ist, wirst du sie selbstbewusst auch für größere Ziele einsetzen.

Sei behutsam mit jedem Ziel, dass du fokussierst und stelle sicher, dass du das, was du anziehst, tatsächlich haben willst.

Das Gesetz der Anziehung kennt kein gut oder schlecht. Wie ein Kellner im Restaurant, der deine Bestellung entgegennimmt, hat es die Tendenz deine bewussten und unbewussten Gedanken und Gefühle zu manifestieren.

Darum nimm dir täglich Zeit, um nach innen zu blicken und dein Herz zu betrachten.

„Das, was vollendet ist, hat noch immer eine Zukunft, die es zu vollenden gilt."

Laotse

Darum beginne zu schreiben und schreibe ein Lebensbuch, das dein Herz zum Singen bringt.

Abbildung 11: Alles fließt im Licht der Sonne. Hast du schon mal bemerkt, dass jeder Fluss in Richtung Meer fließt und schließlich darin aufgeht?

STRATEGIE 4: DIE KONTINUITÄT DES GLÜCKS

Wahres Glück ist kein Zustand, sondern eine Geisteshaltung. Ein Gewahrsein von dem was ist. Solange du dein Glück im Außen suchst, werden deine Gefühle immer einer Achterbahnfahrt gleichen.

Durch das Gesetz der Anziehung gelingt es dir immer mehr positive Dinge in dein Leben zu ziehen, gleichzeitig gibt es aber immer wieder Prüfungen im Leben und Rückschläge, die du integrieren kannst, um erfolgreich glücklich zu sein.

Forscher bezeichnen die Fähigkeit aus Krisen gestärkt hervorzugehen als Resilienz.

Doch warum gewinnt jemand aus einer schweren Lebenskrise neue Kraft und Stärke, während der andere daran zerbricht?

Um dies zu verstehen, schauen wir uns jetzt an, was mit der Kontinuität des Glücks gemeint ist.

Menschen, die Resilienz besitzen, haben gelernt, ihr Glück nicht von äußeren Faktoren abhängig zu machen.

Die Glücksgefühle des Durchschnittsmenschen sind abhängig von äußeren Lebensumständen.

Negative Lebensumstände führen demnach zu Trauer und zu Depressionen. Da negative Gefühle weitere negative Ereignisse in das Leben ziehen, wie uns das Gesetz der Anziehung lehrt, entsteht ein Teufelskreis. Die Betroffenen fühlen sich hoffnungslos und entkräftet.

Oft versucht der Mensch dann Glück durch schlechte Methoden zu generieren. Klassisches Beispiel ist der Alkoholiker, der zur Flasche greift, um seinen Kummer zu vergessen und sich etwas glücklich zu fühlen.

Alle Suchtkrankheiten werden dadurch aufrechterhalten, dass Menschen den Schmerz der Trennung von der Seele verdrängen. Diese unglücklichen oder unzufriedenen Menschen erschaffen künstlich Glücksgefühle durch wenig hilfreiche Methoden

Nicht wirkungsvolle Methoden, um Glück zu generieren, erkennst du daran, dass sie dir langfristig nicht nützen, sondern schaden.

Doch es gibt auch wirkungsvolle Methoden, um Glück zu generieren.

Glück ist bereits Teil deines Wesens.

Glück ist unsere grundlegende Natur.

Mache diese Übung jetzt: *Erinnere dich an ein Wesen, vielleicht ein Hund, eine Katze oder ein Pferd, mit dem du tiefe Glücksmomente erfahren hast. Spüre die Verbindung und das glückliche Gefühl. In diesem Moment haben sich die vielen Filter, mit denen du das Glück in dir zugedeckt hast, wieder gelichtet. Du hast damals gedacht, dass dieses Wesen dein Glücklichsein ermöglicht hat. Nein. Das Glück ist in dir. Und es war nie weg.*

Am Beispiel von Mary ist hier ein Satz, der alle Filter, die das Glück verdecken, beseitigen kann.

„Mary, wann immer wir an dich denken, fallen Sonnenstrahlen in unser Herz."

Regelmäßiger Sport, Meditation, gute Freundschaften und alles, was dir auch auf lange Sicht guttut, sind Wege, um das Glück über äußere Lebensumstände zu erfahren. Und das ist wertvoll.

Mit dem Prinzip der Anziehung habe ich dir eine wirkungsvolle Methode an die Hand gegeben, um dich für positive Lebensumstände zu öffnen.

Ein schönes Haus, eine liebevolle Beziehung und eine erfüllende und gut bezahlte Arbeit sind Wünsche und Ziele, die viele Menschen haben.

Sobald wir diese Dinge jedoch erreicht haben, stellen wir oft entsetzt fest, dass wir zwar am Ziel angekommen sind, aber nach einer kurzen Euphorie wieder unglücklich sind.

Außerdem leben wir in der ständigen Angst, dass wir das, was wir uns erschaffen haben, wieder verlieren könnten. Je mehr wir haben, desto größer sind die damit verbundenen Ängste, weil wir uns nicht mit unserem wahren Wesen, sondern mit den vergänglichen Aspekten des Lebens identifizieren.

Dies kann so weit gehen, dass wir das, was wir uns mühsam erarbeitet haben, vor lauter Sorge nicht mehr genießen können.

Verlieren wir dann tatsächlich etwas und erfahren das als einen Verlust, dann ist unser Glück dahin.

Wir halten an alten Dingen krampfhaft fest, die uns glücklich machen und können nicht akzeptieren, dass die Welt einem stetigen Wandel unterliegt.

WAS IST DIE LÖSUNG?

Wirklich frei und glücklich können wir erst sein, wenn wir beginnen, das Glück in unserem Inneren zu finden und nicht im Außen zu suchen.

Wenn wir lernen auch ohne Grund glücklich zu sein.

Einfach zu sein.

Dieses Glück entspringt der Erkenntnis, dass es ein Privileg ist am Leben zu sein. Es ist die Energie des Lebens selbst, die du spüren kannst, wenn du aufmerksam bist.

Kinder leben diese Energie natürlich.

Während wir morgens im Bett liegen, kaum wach über unsere Probleme zu grübeln beginnen und uns danach einfach nur umdrehen und weiterschlafen wollen, springen Kinder in der Regel gut gelaunt und voller Energie aus dem Bett.

Diese Energie des Lebens freut sich über sich selbst. Über das Geschenk des Lebens am heutigen Tag, der gerade erst begonnen hat und der so viele Chancen und Möglichkeiten bietet.

Lerne auch du wieder wie ein Kind grundlos glücklich zu sein.

Abbildung 12: „Wir alle sind aufgefordert zu lernen wieder zu strahlen wie die Kinder." Nelson Mandela Präsident von Südafrika und Friedensnobelpreisträger

STRATEGIE 5: DER SOLL-WERT-PUNKT DES GLÜCKS

Abbildung 13: Der Soll-Wert Punkt des Glücks

Nachdem du nun die letzten vier Strategien voller Interesse untersucht hast, finde heraus, was für dich sehr wirkungsvolle Methoden sind, um echtes Glück zu erfahren.

Doch möglicherweise stellst du fest, dass du diese Methoden nun schon einige Tage ausprobiert hast und nur minimale Veränderungen wahrnehmen kannst in Bezug auf deine innere Zufriedenheit. Sei geduldig mit dir. Zur Erinnerung:
Glück ist unsere grundlegende Natur

Was du gerade erlebst, wird als Soll-Wert-Punkt des Glücks bezeichnet.

Damit ist gemeint, dass sich die Intensität, mit der du Glück empfindest, immer auf einem dir bereits bekannten Level, deinem Soll-Wert-Punkt bewegen möchte.

Die Forschung hat herausgefunden, dass Lotteriegewinner, nach einer kurzen Phase der Euphorie, trotz ihrer Million wieder genauso glücklich oder unglücklich waren wie zuvor.

Menschen, die ein schweres Schicksal erleiden mussten, befinden sich oft ebenfalls nach einem Jahr wieder auf dem ihnen bereits bekannten Glücksniveau.

Doch wenn du lernst Glück im Inneren zu finden, dann kannst du dein Glücksempfinden dauerhaft steigern.

Im Moment sein ist der Schlüssel. Etwas Anderes ist auch gar nicht möglich, außer für unseren Verstand.

Unrealistische Erwartungen führen dazu, dass du deine Bemühungen vorschnell aufgibst.

Starte mit dieser Übung zum Beispiel von einem Ausgangspunkt der Kraft und Ruhe. Wechsle die Perspektiven: Könntest du dir erlauben einfach zu sein? Einfach zu sein?

Dein Glücksempfinden ist wie ein Muskel, der trainiert werden will.

Es hängt mit deiner Fähigkeit zusammen, den Fokus deiner Aufmerksamkeit auf das richten zu können, was wirklich ist.

Mit Hilfe der vorgestellten Strategien wirst du jeden Tag etwas glücklicher werden.

Das bedeutet, die Schleier, die du über das Glück gelegt hast, werden zunehmend wegfallen.

Sei dankbar für jeden kleinen Erfolg und du wirst sehen, dass es dir mit der Zeit immer leichter fällt, glücklich zu sein.

Denke jeden Abend vor dem Einschlafen an all die schönen Momente, die du im Laufe des Tages erleben durftest und sei dankbar für alles, was du hast.

STRATEGIE 6: DIE GLÜCKSGEWOHNHEITEN

Abbildung 14: „Meinen Bogen habe ich gesetzt; er soll das Zeichen sein des Bundes zwischen mir und dem Bewusstsein (Erde)." Mose 9

21 ÜBUNGEN FÜR DEIN GLÜCK

Im Folgenden stelle ich dir keine neue Strategie vor, sondern 21 leichte Übungen, die auf den Prinzipien beruhen, welche du bereits kennengelernt hast.

Ich habe diese Übungen Glücksgewohnheiten genannt, da du diese regelmäßig anwenden kannst, damit sie schließlich zu einer Gewohnheit werden, über die du nicht mehr nachzudenken brauchst.

TRITT EIN IN DEIN HAUS DES GLÜCKS!

DEIN FUNDAMENT: ÜBERNIMM DIE VERANTWORTUNG FÜR DEIN LEBEN

Übung 1: Konzentriere dich auf Lösungen

Anstatt stundenlang zu Grübeln solltest du die Lösungen für dein Problem auf Papier bringen in Form einer To-Do-Liste, welche du abarbeiten kannst.

Übung 2: Schau nach der Lektion und dem Geschenk in allem, was dir widerfährt. Sei dankbar!

Versuche nicht deine Mitmenschen zu ändern, sondern sieh alles, was um dich herum geschieht, als Aufforderung an dich, um zu wachsen.

Übung 3: Schließe Frieden mit dir

Verzeihe dir deine Fehler aus der Vergangenheit und sage dir, dass du stets dein Bestes gegeben hast.

DIE SÄULE DES GEISTES

Übung 4: Hinterfrage deine Gedanken-Sind sie wirklich wahr?

Prüfe wiederkehrende Gedanken, die dir im Laufe eines Tages in den Sinn kommen und entlarve begrenzende Glaubenssätze. Ersetze deine schlechten Gedanken durch positive und sei dir bewusst, dass dein bewusstes und unbewusstes Denken und Fühlen deine Realität bestimmt. Nimm den Raum wahr, in dem Gedanken auftauchen und sich verändern. Sei dieser Raum.

Übung 5: Lass los und finde gedankliche Ruhe

Lerne durch Meditation gedanklich zur Ruhe zu kommen und zu entspannen. Genieße die Gegenwart ohne sie zu analysieren. Nimm dir Zeit, erlaube dir einfach zu sein.

Übung 6: Richte deinen Geist auf Freude aus

Dein gedanklicher Kompass soll auf Freude und Dankbarkeit ausgerichtet sein. Zähle dir darum mehrfach täglich all das Positive in deinem Leben auf und halte die Augen offen für die dem Leben innewohnende Schönheit. Fühle wie das Leben antwortet.

DIE SÄULE DES KÖRPERS

Übung 7: Ernähre deinen Körper mit hochwertiger Nahrung

Reduziere Genussmittel und verwöhne dich selbst mit frisch zubereiteten Lebensmitteln, die gesund sind und glücklich machen. Trinke auch ausreichend Wasser.

Übung 8: Treibe Sport und energetisiere deinen Körper. Sei dankbar gegenüber allen 100 Billionen Zellen. Ehre die Luft und Lebensenergie, die dir mit jedem Atemzug geschenkt wird.

Allein ein täglicher Spaziergang oder eine kleine Pause bei der Arbeit kann schon Wunder bewirken. Mache, was deine Lebendigkeit fördert und finde eine Sportart, die Glücksgefühle in dir weckt.

Übung 9: Höre auf die Weisheit deines Körpers und tue, was dir guttut

Wechsele zwischen Phasen der Anspannung und Entspannung. Hinterfrage stets, was dein Körper in diesem Moment braucht, um glücklich zu sein.

Die SÄULE DES HERZENS

Übung 10: Fokussiere dich auf Dankbarkeit

Fühle tiefes Glück, indem du dankbar für das Geschenk des Lebens bist.

Übung 11: Praktiziere Vergebung! Lass die

Vergangenheit los und lebe im Jetzt!

Schreibe dir alte Kränkungen auf, die du von anderen Menschen erfahren hast und verbrenne den Zettel symbolisch. Bete und danke dafür, dass du zu einem Menschen geworden bist, der sich vollkommen lieben, vergeben und annehmen kann.

Lass deine Vergangenheit nicht deine Zukunft bestimmen und lebe stets in der Gegenwart.

Übung 12: Verbreite Liebe

Lass dein Licht in der Welt leuchten und begegne allen Menschen und Orten mit einem offenen Herzen. Hilf mit, andere glücklich zu machen und das Glück, das du verbreitest, kehrt in dein eigenes Herz zurück.

Die SÄULE DER LIEBE

Übung 13: Schaffe eine Verbindung zu deinem höheren Selbst

Durch Dankbarkeit über das Leben verbindest du dich mit deinem Inneren Selbst. Suche öfters die Ruhe, um diese Verbindung zu pflegen und in Kontakt mit dir Selbst zu sein.

Übung 14: Höre auf deine innere Stimme.
Sei gegenwärtig.

Deine Intuition weist dir den richtigen Weg.
Höre auf diese innere Stimme. Das Leben gibt dir

außerdem viele Zeichen, um dich auf die für dich richtige Spur zu bringen, um deiner wahren Bestimmung folgen zu können. Folge diesen Zeichen. Nimm bewusst wahr, was um dich herum geschieht, indem du absolut gegenwärtig bist und im Hier und Jetzt lebst.

Übung 15: Vertraue der Entfaltung des Lebens

Jede gemachte Erfahrung war wertvoll für dich, um dich zu genau dem Menschen werden zu lassen, der du heute bist. Alles geschieht aus einem bestimmten Grund, auch wenn wir den Sinn erst hinterher verstehen. Darum vertraue der Entfaltung des Lebens. Zweifle nicht an vergangenen Entscheidungen, denn das Leben führt dich immer zum richtigen Ziel.

DAS DACH: FINDE DEINE BESTIMMUNG

Übung 16: Sei dankbar! Finde deinen Lebenssinn.

Dankbarkeit führt dich zu deinem höheren Selbst, indem du das Leben als Urenergie feierst und dankbar für jede Lebensstunde bist. Aus dieser Dankbarkeit erwächst der Wunsch dein Leben mit für dich sinnvollen Tätigkeiten zu gestalten. Finde deinen Lebenssinn und lebe deinen Traum

Übung 17: Folge der Inspiration des Moments

Wenn du gegenwärtig bist, nimmst du deine

Umgebung ganz neu wahr. Alles um dich herum wird für dich zur Inspiration deines weiteren Weges. Werde kreativ und lass dich vom Leben inspirieren.

Übung 18: Stelle dich in den Dienst von etwas, das größer ist als du selbst

Solange du nur für dich selbst lebst und egozentrische Ziele verfolgst, lebst du in der Illusion der Isolation. Du erlebst zwischen dir und deinen Mitmenschen eine Wand der Trennung, was zu Einsamkeit und Trauer führt. Öffne dich der Weltenseele und suche nach einer Bestimmung, die größer ist als du selbst.

Finde deine goldene Spur und hinterlasse ein Zeichen, welches, und sei es auch noch so scheinbar winzig, die Welt zu einem besseren Platz macht für alle.

Dein Herz weist dir den Weg.

DER GARTEN DEINES HAUS DES GLÜCKS

Übung 19: Pflege deine Beziehungen

Öffne dich anderen Menschen und traue dich dein wahres Selbst zu zeigen, ohne dich hinter einer Maske zu verstecken.

Nimm dir Zeit für deine Beziehungen und sieh sie nicht als selbstverständlich an. Sei dankbar. Genieße jede gemeinsame Minute und führe dir vor Augen, dass deine Zeit auf Erden begrenzt ist. Darum verbringe sie mit den Menschen deines Herzens.

Übung 20: Umgebe dich selbst mit Unterstützung

Gib den Gedanken auf, dass du alles alleine schaffen musst, sondern lasse dich von anderen Menschen unterstützen. Teile deine Träume. Unterstütze auch du die anderen Menschen bei ihren Vorhaben, denn die beste Art einen guten Freund zu finden, ist selbst einer zu sein.

Übung 21: Sieh die Welt als deine Familie an. Sei präsent und sei dir des Lichts und der Liebe gewahr.

Wir alle sind miteinander verbunden und von der gleichen Lebensenergie in Gang gesetzt. Begegne jedem Menschen darum mit Respekt, du weißt nicht, welchen Weg er gegangen ist. Gib die Erwartung auf, dass die Welt und die Menschen deine Erwartungen zu erfüllen haben, sondern nimm jedes Individuum für sich selbst wahr.

In den Weisheitstraditionen gibt es den Gruß: Namasté. Es bedeutet: Das Göttliche in mir grüßt das Göttliche in dir. In Hawaii wird dieser Gruß Aloha genannt. Es ist gleichgültig, in welcher Sprache du diesen Gruß ausdrückst. Es kommt nur auf das innere Gewahrsein und die innere Absicht an.

Bei den Maori gibt es das traditionelle Begrüßungsritual mit dem Namen Hongi (Wikepedia). Kopf nach vorne um sich erst mit der Stirn zu berühren und dann die Nasen sanft gegeneinander zu drücken. Diese Grußhandlung ist ein Gewahrwerden und

Ehren der Atemseele.

Sei präsent und lerne die Kunst des Zuhörens. Du wirst selbst sehr viel dabei lernen. Wertschätze jede kleine Begegnung und sei einfach gewahr, dass Licht und Liebe ist.

Oft sind es die kleinen Gesten, die den Unterschied machen.

Frage dich nun zum Beispiel:

Welche Übung bringt den größten Nutzen in mein Leben?

Was ist der Nutzen für die Menschen in meiner Umgebung?

Wie kann ich Dankbarkeit leben?

Wann in meinem Tagesablauf kann ich diese Übungen anwenden?

Wie kann ich die Übung am besten anwenden?

Wie kann ich mich mehr dazu öffnen, die Freude und das Glück, das ich bin zum Ausdruck zu bringen?

Entwickle einfache Regeln, die du umsetzt. Durch die regelmäßige Umsetzung entwickelst du eine Gewohnheit, welche dich unterstützt und dir im Laufe der Zeit dazu verhilft immer mehr Glück zu generieren.

Ein einfacher Hinweis zum Schluss, der dir dabei

helfen wird, dich in der Hektik des Alltags immer wieder positiv auszudehnen.

Lerne die Kraft inspirierender Lieder und Gedichte kennen, die große Weisheit enthalten und deinen Körper und Geist in eine positive Schwingung versetzen:

„Happy" – ein Lied von Pharrell Williams

Die erste Zeile des Liedes lautet Happiness is the truth

HAPPINES IST DIE WAHRHEIT

https://www.youtube.com/watch?v=y6Sxv-sUYtM

> „Das Universum kann die Musik in deiner Seele hören."
>
> Laotse

Öffne dich dem Glück.
Sei offen für die direkte Erfahrung.

Denn Glück kann man nicht lernen, sondern nur Sein.

> *„Du bist bereits ganz, vollständig, perfekt und genug wie du bist. Das ist die ganze Wahrheit.*
> *Sei wer du bist!"*
>
> Lester Levenson

Tanze und singe wann immer es dir möglich ist und feiere das Leben und dich selbst.

Strecke dich nach dem Glück aus.

Du brauchst kein anderes Leben, um glücklich zu sein.

Was für einen Nutzen hat es für dich,
wenn du glücklich bist?

Was für einen Wert hat es für andere,
wenn du glücklich bist?

ENTDECKE DEN KREISLAUF DER DANKBARKEIT

FREI. GLÜCKLICH. DANKBAR. GLÜCKLICH. FREI.

Abbildung 15: Kannst du bemerken, wo Licht auf deinen Weg fällt?

STRATEGIE 7: DER ERFOLGSPLAN

Der Schlüssel zu deinem nachhaltigen Erfolg ist Dankbarkeit.

Dankbarkeit öffnet die Türe zu deinem höheren Selbst.

Dankbarkeit generiert Glück.

Denn dein höheres Selbst besteht ganz aus Glück und Freude. Wenn du dankbar bist, dann öffnet sich für dich der Himmel und kommt herunter auf die Erde. Kannst du es willkommen heißen, in Kontakt mit deiner eigenen Göttlichkeit zu sein? Wie kannst du dich mehr dafür öffnen, die Leere und Unendliche Intelligenz in jeder Blume und in jedem Grashalm wahrzunehmen?

Sind wir Menschen mit all unseren Zellen nicht ein Wunderwerk der Natur? Und ist die Natur nicht ein einziges Wunder?

Erfahre Glück, indem du mit den staunenden Augen eines Kindes durch dein Leben läufst und ganz in dem Moment lebst. Jede Sekunde wahrhaft lebst.

Nur der Mensch hat die Wahlmöglichkeit im Paradigma der Trennung, in der Vorstellung einer getrennten Existenz zu leben. In der Wirklichkeit gibt es diese Trennung nicht. In der Natur gibt es nur Ganzheit. Sie hat nicht die Wahl der Trennung.

Entwickle deinen individuellen Erfolgsplan, der deine Aufmerksamkeit auf Glück ausrichtet.

Denn wohin deine Aufmerksamkeit geht, das ziehst du in dein Leben, das wird zu deinem Erleben.

Erfolg ist ein wichtiger Bestandteil eines glücklichen Lebens.

Darum frage dich:

Was kannst du tun, um nachhaltigen Erfolg zu erzielen?

Wer kann dich auf diesem Weg unterstützen?

Wie stellst du sicher, dass du dich in die richtige Richtung bewegst?

Sei aufmerksam und begegne den kleinen Veränderungen in deinem Leben mit Achtsamkeit.

*„Jeder Schritt in die Richtung deiner Bestimmung,
ganz egal wie klein er ist, ist es wert beachtet
und gefeiert zu werden.
Er zeigt dir, dass du ein Erfolg bist."*

Paul R. Scheele

Abbildung 16: Worüber kannst du staunen?

WIE KANNST DU DANKBARKEIT LEBEN?

Fühle dich mit einer höheren Macht verbunden und erleuchtet.

Fühle dich lebendig, vital und energiegeladen.

Öffne dich dem Fluss des Lebens und lass dich davontragen.

Lass Liebe und Erfüllung dein Leben sein.

Finde deine Lebensaufgabe und folge ihr mit Freude.

Lebe in tiefer Dankbarkeit.

Praktiziere Vergebung.

Sei mit dir selbst und der Welt im Frieden.

Sei Liebe und lass dein Licht in der Welt leuchten.

Sei absolut gegenwärtig und nehme wahr, was ist.

Höre auf gegen die äußere Welt anzukämpfen. Finde stattdessen Frieden in deinem Inneren und bejahe alles, was ist.

Solange du glaubst, Frieden ist etwas außerhalb von dir, ist Frieden unmöglich.

FINDE DEINE INNERE MITTE

Die folgende Übung hilft dir, deine innere Mitte zu finden und dich regelmäßig zu zentrieren. Lass dich darauf ein und praktiziere sie regelmäßig.

Der beste Zeitpunkt, um sich zu zentrieren, sind die Momente, in denen du meinst keine Zeit dafür zu haben.

Denn immer, wenn Stress und Ängste über dich kommen, ist das ein Zeichen dafür, dass du aus deiner inneren Mitte gefallen bist.

Lehne dich in diesem Moment zurück und entspanne. Lass alles los. Atme tief in deinen Bauch und fokussiere dich auf deinen Atemrythmus.

Nimm wahr, was in deinem Herzen ist und lass los.

Nimm wahr, was deine Gedanken aufwühlt und lass los.

Spüre die Verspannung deines Körpers und entspanne.

Fühle genau, wo sich in deinem Inneren etwas regt, nimm es an und lass es frei.

Fühle dich seelisch im Einklang mit der ganzen Welt.

Sei.

Sei einfach nur da.

Und genieße es.

Denn die innere Welt drückt die äußere Welt aus. Der Stress, die Angst, die Wut, Probleme, dass alles existiert in dir.

Deine Realität beginnt in dir. Realität ist subjektiv, denn du selbst erschaffst diese Realität mit deinem Geist. Denn das, was du Realität nennst, ist tatsächlich nur die Ausdeutung dessen, was du mit deinen Augen siehst. Mit deinen Ohren hörst. Mit deiner Nase riechst. Mit deinem Mund schmeckst. Und mit deiner Haut fühlst. Und das alles mit den Filtern, die du auf deine Wahrnehmung gelegt hast.

Der Rest von dem, was du Realität nennst, ist von dir geschaffen aufgrund deiner Gefühle und bewussten und unbewussten Gedanken.

Finde darum zu dir.

Und sei.

Finde heraus, was du willst

Aus dieser Ruhe heraus, kannst du spüren, was du wirklich in deinem Leben möchtest.

GLÜCK ist die Kompassnadel auf deinem Weg.

DER SINN DES LEBENS IST GLÜCKSELIGKEIT

Darum schaue, was dich wirklich glücklich macht. Was du wirklich willst.

Was wäre, wenn du von einem Gewahrsein des Glücks dein Leben gestalten würdest?

Gute Entscheidungen werden stets aus der Ruhe getroffen. Darum zentriere dich stets, bevor du eine Entscheidung triffst.

Sei ganz im Kontakt mit dir.

Überschlafe deine Idee noch eine Nacht.

Zentriere dich am nächsten Tag erneut und schlage dann eine Richtung ein.

Mache dir dieses Prinzip zu deiner Gewohnheit.

Wenn du gestresst, ängstlich oder deprimiert bist, solltest du keine Entscheidung treffen.

Entscheidungen, die aus dem Unglück getroffen werden, haben die Eigenschaft weiteres Leid in dein Leben zu ziehen.

Entscheidungen, die aus dem Glück und der Zentrierung getroffen werden, können dagegen weitere Freude mit sich bringen.

Lebe nach diesem Prinzip und du wirst in Zukunft unterstützende Entscheidungen fällen.

Nimm dir immer zumindest einige Minuten, um dich zu zentrieren, bevor du eine Entscheidung triffst.

Keine Entscheidung ist so dringlich, dass sie nicht für einige Minuten verschoben werden könnte.

VISUALISIERE DEINEN TRAUM

Nachdem du durch Zentrierung deine innere Mitte gefunden hast und aus dem Gefühl der Glückseligkeit heraus eine Entscheidung getroffen hast, solltest du dich daran machen deinen Wunsch in die Tat umzusetzen.

Wie praktizierst du Visualisierung?

Schließe deine Augen und stelle dir vor, dass du eine Kinoleinwand vor dir hast. Die Leinwand und das Licht haben keine Präferenzen.

Erschaffe das erwünschte Ergebnis an der Leinwand und stelle es dir so detailreich wie nur möglich vor.

Was genau soll passieren?

Wie wirst du dich dabei fühlen?

Welche Menschen sind um dich herum?

Lass deiner Fantasie freien Lauf, denn Imagination ist ein großartiges Werkzeug, das du hast, um deine innere und äußere Wahrheit zu erschaffen. Sei schöpferisch. Bemerke innere Hindernisse. Könnten sie losgelassen sein?

Darum tue es einfach. Schalte deinen Verstand aus und sei schöpferisch.

Fühle dich dabei großartig. Dankbar. Und befreit.

Genieße den Augenblick.

Aktiviere den Kreislauf der Dankbarkeit.

FREI. GLÜCKLICH. DANKBAR. GLÜCKLICH. FREI.

Namasté – Aloha

„Ich in meinem Innern ist Ich in deinem Innern."

Joel S. Goldsmith

Abbildung 17

Khalil Gibran Der Prophet

Von der Liebe

*Da sagte Almitra: Sprich uns von der Liebe.
Und er hob den Kopf und sah auf die
Menschen, und es kam eine Stille über sie.
Und mit lauter Stimme sagte er:
«Wenn die Liebe dir winkt, folge ihr,
Sind ihre Wege auch schwer und steil.
Und wenn ihre Flügel dich umhüllen, gib
dich ihr hin,
Auch wenn das unterm Gefieder versteckte
Schwert dich verwunden kann.
Und wenn sie zu dir spricht, glaube an sie,
Auch wenn ihre Stimme deine Träume
zerschmettern kann wie der Nordwind den
Garten verwüstet.
Denn so, wie die Liebe dich krönt, kreuzigt
sie dich. So wie sie dich wachsen lässt,
beschneidet sie dich.
So wie sie emporsteigt zu deinen Höhen und
die zartesten Zweige liebkost, die in der
Sonne zittern,
Steigt sie hinab zu deinen Wurzeln und
erschüttert sie in ihrer Erdgebundenheit.
Wie Korngarben sammelt sie dich um sich.*

Sie drischt dich, um dich nackt zu machen.
Sie siebt dich, um dich von deiner Spreu zu
befreien.
Sie mahlt dich, bis du weiß bist.
Sie knetet dich, bis du geschmeidig bist; Und
dann weiht sie dich ihrem heiligen Feuer,
damit du heiliges Brot wirst für Gottes
heiliges Mahl.
All dies wird die Liebe mit dir machen, damit
du die Geheimnisse deines Herzens
kennenlernst und in diesem Wissen ein Teil
vom Herzen des Lebens wirst.
Aber wenn du in deiner Angst nur die Ruhe
und die Lust der Liebe suchst,
Dann ist es besser für dich, deine Nacktheit zu
bedecken und vom Dreschboden der
Liebe zu gehen
In die Welt ohne Jahreszeiten, wo du lachen wirst,
aber nicht dein ganzes Lachen,
und weinen, aber nicht all deine Tränen. Liebe gibt
nichts als sich selbst und nimmt
nichts als von sich selbst.
Liebe besitzt nicht, noch lässt sie sich
besitzen;
Denn die Liebe genügt der Liebe.
Wenn du liebst, solltest du nicht sagen:
«Gott ist in meinem Herzen»,
sondern: «Ich bin in Gottes Herzen».
Und glaube nicht, du kannst den Lauf der

Liebe lenken, denn die Liebe, wenn sie dich
für würdig hält, lenkt deinen Lauf.
Liebe hat keinen anderen Wunsch, als sich
zu erfüllen.
Aber wenn du liebst und Wünsche haben
musst, sollst du dir dies wünschen:
Zu schmelzen und wie ein plätschernder
Bach zu sein, der seine Melodie der Nacht
singt.
Den Schmerz allzu vieler Zärtlichkeit zu
kennen.
Vom eigenen Verstehen der Liebe
verwundet zu sein;
Und willig und freudig zu bluten.
Bei der Morgenröte mit beflügeltem Herzen
zu erwachen und für einen weiteren Tag des
Liebens dankzusagen;
Zur Mittagszeit zu ruhen und über die
Verzückung der Liebe nachzusinnen;
Am Abend mit Dankbarkeit heimzukehren;
Und dann einzuschlafen mit einem Gebet für
den Geliebten im Herzen und einem
Lobgesang auf den Lippen.

Aus «Der Prophet» von Khalil Gibran, 1926 in New York erschienen. Walter-Verlag

"Teilt euer Glück und nicht eure Sorgen mit den anderen."

Omraam Mikhael Aivanhov

Abbildung 18: Ohne Worte

„Ich nenne die Fähigkeit, andere Hüllen des Bewusstseins zu betreten, Liebe. Die Liebe sagt, Ich bin alles. Die Weisheit sagt, Ich bin nichts. Zwischen diesen beiden fließt mein Leben."

Nisargadatta Maharaj

LITERATURVERZEICHNIS

Basierend auf The HappinessGenerator von Learning Strategies Corporation

LearningStrategies.com

Paraliminal.com

Paraliminal Audio -

HAPPY FOR NO REASON, Paul R. Scheele, Marci Shimoff

Sedona.com

voiceofclearlight.org

Ligminchalearning.org

The3doors.org

Theinfiniteway.de Joel S. Goldsmith

MarkRobertWaldmann.com

Khalil Gibran Der Prophet

Happy von Pharrell Williams

Botaineuropde.org.de Das Meister-Modell

Bilder: Robin Üffing 3,6,11,13,15, Ingeborg Bachmann 14, GBM 4,20, Andrea Striebel/ Thomas Frauenkorn 1,2,5,17,18,19,21, Eli Saraf 9, madiba.de 8,12, freepik.com 10, pixabay.com 7, pexels.com 16

RESSOURCEN UM TIEFER ZU GEHEN

Workshops und Telefon-Coaching

Bibliothek mit Passwort

info@happinessgenerator.de

Autorenlesungen

johann-boeing-messing.de

happinessgenerator.de

glücksgenerator.de

Mobil: +4915257678697

Weitere Bücher von Johann F. Böing-Messing
„Fülle fürs Leben–Leben im Fluss Göttlicher Fülle"
tredition.de

ÜBER DEN AUTOR

Johann F. Böing-Messing verbrachte den größten Teil seiner Jugend im Kloster Internat Mariengarden. Abiturjahrgang 1970. Er war nach seiner Ausbildung zum Industriekaufmann IHK tätig als Geschäftsführer und selbständiger Unternehmer. Auf dem Weg entdeckte er seine Liebe für Life Coaching und Transformation. In den letzten 28 Jahren begleitete er Menschen dabei, in Übereinstimmung mit der Inneren Liebe zu leben. Love to Love. Liebe begegnet Liebe. Liebe begegnet sich Selbst.

Unter johann-boeing-messing.de findest du mehr darüber, wie wertvoll es ist, die Wolken ziehen zu lassen, die eine Liebe verdecken, die du in deiner Essenz bereits bist.

Die Liebe selbst übernimmt die Führung, wenn sie wirklich eingeladen ist- und das bei jedem.
Ich erlaube der Liebe mir zu helfen.

Das Universum ist ein Göttliches Spiel.

Mach mit wie Du bist.

EPILOG

DER GLÜCKSGENERATOR

*„Viele Menschen leben so, als ob Liebe, Glück,
Erfüllung, Freiheit, Frieden und Fülle etwas sind,
das außerhalb von ihnen zu sein scheint.*

*Was wäre, wenn wir die Perspektive einfach
wechseln könnten?*

*Was wäre, wenn wir aus einem Gewahrsein von
Liebe, Glück, Erfüllung, Freiheit, Frieden und Fülle
heraus unser Leben gestalten würden?*

Wie können wir uns dafür mehr öffnen?
Wie würden wir uns dann fühlen?
*Was wäre der Nutzen für die Menschen
in unserer Umgebung?*
Was wäre der Nutzen für die Natur?
*Es ist eine Reise der Liebe, die sich selbst begegnet.
Überall."*

Johann F. Böing-Messing

DANKSAGUNG

Herzlichen Dank Pete und Paul für die Initialzündung. Sie hat mich inspiriet Teilnehmer Unterlagen in Buchform zu erstellen. Ich danke allen, die mich bei der Umsetzung dieses Buchprojektes unterstützen. Es ist ein großartiger Beitrag. Ich wertschätze das sehr. Für alle ist eine tiefe Dankbarkeit in meinem Herzen. Einige davon möchte ich hier nennen: Ich danke Thomas Frauenkron und Andrea Striebel, sowie Angelika Schepers, Brigitte Krause, Gabriele, Christoph für ihre ermutigenden Beiträge und für ihr Feedback.

Ich wertschätze ausdrücklich die kompetente Begleitung von Robin Üffing und den Mitarbeitern/innen von Tredition für ihre technische Unterstützung.

Mögen Wellen der Dankbarkeit euer Herz segnen.

AUFMERKSAMKEITS-GEWOHNHEITS-MUSTER TEST

Die Übungen Test 1 bis 4 sind nur in Englisch
möglich und haben den Zweck zu bemerken, wo
deine Aufmerksamkeit gewohnheitsmäßig hingeht.

TEST 1

Lies das Wort und höre dir zu, wie du es gelesen hast

HAPPINESSISNOWHERE

Bemerke, wo deine Aufmerksamkeit
gewohnheitsmäßig hingeht.

Notizen: Deine Übersetzung des Textes

Auflösung zum Test 1-4 ist weiter hinten

Aufmerksamkeits-Gewohnheits-Muster Test

TEST 2

Lies das Wort und höre dir zu, wie du es gelesen hast

PEACEISNOWHERE

Bemerke, wo deine Aufmerksamkeit
gewohnheitsmäßig hingeht.

Notizen: Deine Übersetzung des Textes

Auflösung zum Test 1-4 ist weiter hinten

Aufmerksamkeits-Gewohnheits-Muster
Test

TEST 3

Lies das Wort und höre dir zu, wie du es gelesen hast

FREEDOMISNOWHERE

Bemerke, wo deine Aufmerksamkeit gewohnheitsmäßig hingeht.

Notizen: Deine Übersetzung des Textes

Auflösung zum Test 1-4 ist weiter hinten

Aufmerksamkeits-Gewohnheits-Muster Test

TEST 4

Lies das Wort und höre dir zu, wie du es gelesen hast

LOVEISNOWHERE

Bemerke, wo deine Aufmerksamkeit gewohnheitsmäßig hingeht.

Notizen: Deine Übersetzung des Textes

Auflösung zum Test 1-4 ist weiter hinten

Aufmerksamkeits-Gewohnheits-Muster Test

Auflösung zum Test 1 bis 4

NOWHERE = nirgends, nirgendwo, nirgendwohin

NOW HERE = Jetzt hier

Notizen: Wohin geht meine Aufmerksamkeit gewohnheitsmäßig?

Hinweis

Das Buch enthält die Meinungen und Ideen des Autors. Es soll hilfreiches und informatives Material zu den im Buch behandelten Themen liefern. Der Verkauf erfolgt mit der Maßgabe, dass die Autoren und Herausgeber in diesem Buch keine medizinischen, gesundheitlichen professionellen Dienstleistungen erbringen. Alle Informationen in diesem Buch sind nicht gedacht als Ersatz für eine medizinische oder ärztliche Beratung.

Der GlücksGenerator- Eine-Stunde Präsentation

Notizen